# 简化二十四式太极拳与健身

主 编 覃 强 王旖蔚

天津出版传媒集团
TJKJ 天津科学技术出版社

**图书在版编目（CIP）数据**

简化二十四式太极拳与健身 / 覃强, 王旖蔚主编
. -- 天津 : 天津科学技术出版社, 2023.9
ISBN 978-7-5742-1598-6

Ⅰ. ①简… Ⅱ. ①覃… ②王… Ⅲ. ①太极拳－基本
知识 Ⅳ. ①G852.11

中国国家版本馆 CIP 数据核字(2023)第 174856 号

---

简化二十四式太极拳与健身
JIANHUA ERSHISISHI TAIJIQUAN YU JIANSHEN
责任编辑：杜宇琪
出　　版：天津出版传媒集团
　　　　　天津科学技术出版社
地　　址：天津市西康路 35 号
邮　　编：300051
电　　话：（022）23332399
网　　址：www.tjkjcbs.com.cn
发　　行：新华书店经销
印　　刷：三河市悦鑫印务有限公司

开本 880×1230　1/32　印张 4.25　字数 120 000
2023 年 9 月第 1 版第 1 次印刷
定价：39.80 元

# 编写委员会

## 编委会主任

覃　强　王旖蔚

## 编委会成员

黄　鹏　唐敏红　余宏伟
李永航　杨巧英　任　杰
伍柳锦　赵元鹏　邓　攀
翁慧健　梁海燕　余璐璐
刘　林　杨丽琼

（排名不分先后）

# 前　　言

太极拳是中华民族的优秀文化遗产，既能强身健体，又能修心养性，它不仅是一种武术体育活动，也是一种良好的人文素质修养，更是中华优秀传统文化中的经典之经典。推广太极拳，不仅对于推进国家的文化建设和健康文明建设、满足人民群众对美好生活的文化和健康需求具有十分重要的现实意义，而且在建设和谐社会、树立民族文化自信、践行社会主义核心价值观、讲好中国故事等方面发挥着非常重要的作用。

太极拳文化是依托于中国传统儒道文化基本思想，并与太极拳技术和理论有机结合的产物，它将儒家的“中庸、和谐和仁义”的处世哲学，道家的“无为、养生和静虚”的思想内涵与佛家的慈悲宽容等诸家理论融为一体，使太极拳超越一般意义上的攻防技击之术和强身健体之法，深化为一种做人之本、入世之道及处事方法和原则。在练习太极拳的时候，追求“一动无有不动”“内不动，外不发”“内三合，外三合相结合”和“周身一家”的境界，散发着由内到外的和谐之美。在高校中开展太极拳，可以提高大学生心理健康水平的同时为其终身体育打下基础。

《简化二十四式太极拳与健身》是一本介绍太极拳基础及其在健身效用的教材。本书详细阐述了太极拳的二十四式套路，包括动作方法、练习要领、攻防演练以及功理效用，展示了太极拳在心理疏导、精神调节、身体调养等方面的独特作用。本书旨在帮助读者了解太极拳的基础知识，并将其应用于健身活动中。无论你是健身爱好者还是对太极拳感兴趣的人，这本书都将成为你宝贵的资源，引导你在练习中获得最大的收益。

本书由覃强撰写文稿及攻防图解及健身要义；王旖蔚提供简化二十四式太极拳的动作图解与练习重难点；黄鹏解读攻防要以与图片。其他成员负责审稿与修改书稿。

限于笔者水平有不足，加之时间仓促，本书难免存在疏漏，在此，恳请同行专家和读者朋友批评指正！

编 者

2023 年 6 月

# 目　录

# 00 太极拳基本动作

## 抱拳礼

“拱”“揖礼”，汉族传统礼仪（多见于习武之人）中一种相见礼，源于周代以前，有3000年以上的历史，是汉族特有的传统礼仪。抱拳，是以左手抱右手，自然抱合，松紧适度，拱手，自然于胸前微微晃动，不宜过烈、过高。武术界中的抱拳礼是由“作揖礼”和少林拳的抱拳礼（四指礼），加以提炼、规范、统一得来的，并赋予了新的涵义，这是在国内外一直被采用的具有代表性的礼法。（图1）

图1　抱拳礼

## 手　型

拳：四指并拢一起向内卷屈，手指肚贴于掌心，拇指扣住中指，腕部不可外仰或内勾，掌握得不宜太紧或太松，以自然握实为度。（图2）

图2　拳

掌：五指自然伸展，互不靠拢，但也不要太开，以手掌宽为度，拇指自然松弛，虎口自然圆开，掌心不要太凹或太张，以自然舒适为度。食指领劲，用意不用力。掌形成瓦楞状。（图3）

图3　掌

勾：五指第一指节自然捏拢，屈腕，五指靠拢需要自然，腕关节放松，全手自然下垂。（图 4）

图 4　勾

## 步型

虚步：后腿屈蹲，大腿斜向地面，但高于水平，脚跟与臀部基本垂直，脚尖斜向前方，全脚着地；前腿稍屈，用前脚掌着地。左脚在前称为左虚步；右脚在前称为右虚步。（图 5~图 6）

图 5　虚步（正面）

图 6　虚步（侧面）

开立步：两脚平行站立，距离约与肩同宽，脚尖朝前，两肩井穴与两涌泉穴成两条直线；百会穴与会阴穴成一条直线，两腿微屈，不要用力。（图 7）

图 7　开立步

仆步：一腿全蹲，膝盖与脚尖略外撇，另一腿自然伸直，平铺接近地面，脚尖内扣朝前。（图 8）

图 8　仆步

弓步：前腿屈膝半蹲，全脚着地，脚尖微内扣，膝部不得超过脚尖，后腿自然伸直，全脚着地，脚尖斜向前方。（图 9~图 10）

图 9　弓步（右）

图 10　弓步（左）

# 第一式 01 起式

## 练习方法

1. 身体自然直立，两脚并拢，两腿自然伸直，胸腹放松；两臂下垂，手指放松，两手垂于大腿外侧；头正颈直，下颏微收，口闭齿扣，舌抵上腭；精神集中，表情自然。（图 1-1）

图 1-1

2. 左脚向左侧分开半步，重心落于两腿之间，两脚间距与肩同宽，两脚平行向前，成开立步。（图 1-2~图 1-4）

图 1-2

图 1-3

图 1-4

3. 两臂慢慢向前平举，与肩同高、同宽，两臂自然伸开，肘关节向下微屈，两掌掌心朝下，指尖朝前。（图 1-5）

4. 两腿慢慢屈蹲；两掌垂直轻轻下按至腹前，上体舒展正直；目视前方。（图 1-6）

图 1-5

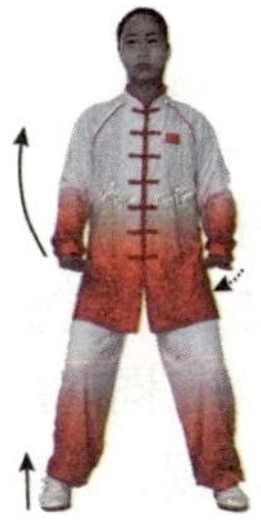

图 1-6

## 动作要领

1. 起式中的马步是太极拳的基本步形，练习者从一开始就要建立正确的动作定形。

2. 开立步时，应遵循“轻起轻落，点起点落”这个步法规律，先将重心移至右腿，左腿放松，而后轻轻提起左脚脚跟，以不超过右脚脚踝的高度向左分开半步。落脚时，前脚脚掌先着地，并且使脚尖朝向正前方，随之全脚掌逐渐踏实。

3. 手臂的前举和下按应按照“匀速、缓慢”的要求来进行。手臂的移动要有逆水前进的感觉，既要有一定的紧张度，又不可僵硬；既要放松，又不可松懈。

4. 手臂前举时，两手先在两腿外侧将掌心转向后方，随即再慢慢地向体前平举。

5. 两掌下按时，掌心朝下，要有主动下按的动作。按到两掌与腹部同高时，须展掌、舒指。

6. 屈膝的高度要因人而异。太极拳的全套练习中，除少数招式外，整套拳术都是在半蹲的状态中进行的。开始的屈膝高度基本上就是整套拳的拳架高度，练习中要保持稳定不允许忽高忽低，以免拳架起伏不定。

7. 上体要保持正直，脊背、臀部和脚跟基本在同一垂面上。

## 攻防演练

1．设对方与我近距离发生攻击行为时，对方双手向我脖子袭来想要掐我脖子时，我左脚向左侧开步，使身体处于最佳状态，同时两手快速上托击打对方前臂内侧，力到点即收。上托时速度要快，力向两侧上方发力。（图 1-7）

图 1-7

2．在挡住并弹击对方两手向上向外的同时，快速屈膝沉胯沉肩坠肘，立掌下按对方两侧腹部及髋关节位置，破坏对方重心从而使对方倒地。在这一动作环节中，动作要一气呵成，力至掌根，发力方向由上至下前方发劲。（图 1-8）

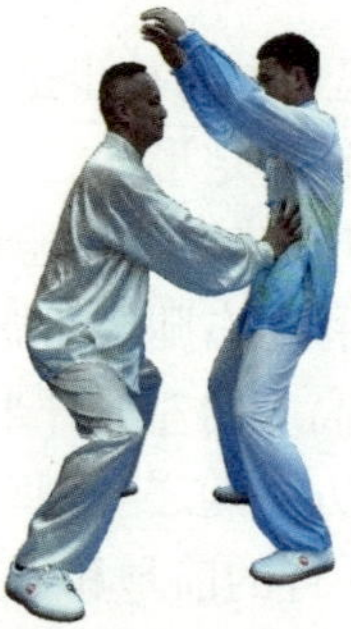
图 1-8

## 功理作用

科学家研究证实，既缓且深的丹田呼吸法是产生放松波最有效的方法之一。丹田呼吸法可使脑波维持在 12 赫兹以下，就大脑的生理而言，这是放松波最容易出现的时候。此时，内啡肽会大量分泌，人的创造力与灵感会源源不断地涌出；同时身心会呈现神清、意静、心旷神怡的感觉。进行丹田呼吸法的时候，要尽可能延长呼吸的持续时间，持续时间越长越能进入放松波状态，对习练者增强愉悦感、祛病强身、延年益寿越有利。练习该法会使丹田充实，让人体元气由下而上，贯穿经脉、具补中益气之效。

该式特别适合脾胃、肾脏虚弱及高血压、神经衰弱及中风脱症、脱肛等患者练习。

第二式

# 02

# 左右野马分鬃

## 练习方法

1. 接上式，上体稍右转，右臂屈抱于右胸前，肘略低于手，掌心朝下；左臂屈抱于腹前，掌心朝上，两掌上下相对，如在右肋前“抱球”。左脚收至右脚内侧，脚尖点地。（图 2-1~图 2-2）

图 2-1

图 2-2

2. 上体左转，左脚向左前方迈出一步，脚跟轻轻着地，重心仍在右腿上。（图 2-3）

图 2-3

3. 上体继续左转，重心前移。左脚踏实，左脚脚尖朝前，左腿屈膝前弓；右腿自然蹬直，右脚脚跟外展，成左弓步。两掌前后分开，左掌分至体前，腕与肩同高，肘微屈，掌心斜向上，虎口朝前，指尖

稍向内；右掌按至右胯旁，掌心朝下，指尖朝前；两臂微屈。（图 2-4~图 2-6）

图 2-4

图 2-5

图 2-6

4．重心稍向后移，左脚脚尖翘起外撇，上体稍左转，两掌准备翻转“抱球”。（图 2-7）

5．上体继续左转，左掌翻转成掌心朝下，在左胸前屈抱；右掌翻转前摆，掌心朝上，在腹前屈抱；两掌上下相对，如在左肋前“抱球”。重心移至左腿，左脚踏实；右脚收至左脚内侧，脚尖点地。（图 2-8）

图 2-7

图 2-8

6．上体稍右转，右脚向右前方迈出一步，脚跟轻轻着地。（图 2-9）

图 2-9

图 2-10

7. 上体继续右转，重心前移。右脚踏实，右脚脚尖朝前，右腿屈膝前弓；左腿自然蹬直，左脚脚跟外展，成右弓步。两掌前后分开，右掌分至体前，腕与肩同高，肘微屈，掌心斜向上，虎口朝前，指尖稍向内；左掌按至左胯旁，掌心朝下，指尖朝前；两臂微屈。（图 2-10）

8. 重心稍向后移，右脚脚尖翘起外撇，上体稍右转，两掌准备翻转“抱球”。（图 2-11）

图 2-11

9. 上体稍右转，右臂屈抱于右胸前，手高不过肩，肘略低于手，掌心朝下；左臂屈抱于腹前，掌心朝上；两掌上下相对，如在右肋前“抱球”。左脚收至右脚内侧，脚尖点地。（图 2-12~图 2-13）

图 2-12

图 2-13

10. 上体左转，左脚向左前方迈出一步，脚跟轻轻着地，重心仍在右腿上。（图 2-14）

图 2-14

11. 上体继续左转，重心前移。左脚踏实，左腿屈膝前弓；右腿自然蹬直，右脚脚跟外展，成左弓步。两掌前后分开，左掌分至体前，腕与肩同高，肘微屈，掌心斜向上，虎口朝前，指尖稍向内；右掌按至右胯旁，掌心朝下，指尖朝前；两臂微屈。（图 2-15~图 2-16）

图 2-15

图 2-16

## 动作要领

（一）左野马分鬃

1. 转体和抱手的动作是同时进行的，抱手要在转体的带动下协调一致地完成。“抱球”是一个形象的比喻，两臂之间犹如抱一个气球，既要抱得住，又要使气球不触及身体，故两臂的动作要松而不软。

2. “左脚收至右脚内侧，脚尖点地”，这时身体重心大部分应落在右腿上，左腿只起辅助支撑的作用。初学时可以这样做，待动作熟练之后，左脚收向右脚内侧时，脚尖不应点地。右野马分鬃也同样如此。这里的“脚尖点地”，指的是前脚脚掌着地。

3. 假设起式时面向南方，第一个“野马分鬃”弓步要朝向东方。在上步时，上体先转至偏东，弓步时再转向接近正东。在连贯练习时，两个转体应是连贯的，中间不可间断。

4. 左脚上步时，要脚跟先着地。太极拳的步法均要求一腿屈膝支撑身体，稳定重心；另一腿轻灵地迈出，不可落脚沉重，身体重心过早转移。弓步过程要由腰部旋转、左腿屈弓和右腿后蹬三个动作协调配合，不可先蹬直右腿，再屈左膝，这样会使腰胯紧张，重心起伏。

5. 太极拳的弓步，后腿自然蹬直即可，不能像长拳那样挺劲绷直，以致腰胯不能松开；但也不可过于放松，使膝部出现较大的弯曲，显得软弱力。

6. 分掌时，左掌掌心斜向上，力点在前臂外侧，向左斜上方“靠”出，此时左肩要松沉，肘部微屈；分到顶点时，要展掌、舒指，体现出由轻灵走向沉稳的气势。右掌要随之向右下方分开，采至右胯旁，掌心朝下，指尖朝前，肘微屈；分到顶点时，也要求展掌、舒指、坐腕、沉肩。

7. 眼神是太极拳的重要组成部分。本式的眼神运用，由起式的目视前方转为注视右手，再转视左手；定式时目视左手。视线应有张有弛，合理调节。

（二）右野马分鬃

1. 转体翘脚时，身体重心平稳地稍向后移，与上体左转协调并进。运转过程中，上体要保持正直，重心移动的幅度至左脚轻灵地转动即可。

2．两掌翻掌画弧“抱球”时，两掌先略放松（由实变虚），随即再左掌内旋、右掌外旋画弧，同时收拢后脚。

3．收脚时，主要是通过重心前移，以大腿的力量轻轻地把后脚提起，慢慢地屈膝向前，使后脚在前脚的内侧落下。

4．连续上步的步法是本式的重点。可将弓步和连续上步的步法专门提出来练习，以免连贯动作中出现顾手顾不了脚的问题。

5．其他要领同“左野马分鬃”。

## 攻防演练

1．设对方从左侧以左拳向我击来，我重心右移收回左脚，避其来拳，同时右手格挡小臂外旋顺势抓住对方手腕，左手顺势往右手肘关节处引，为还击做准备。（图 2-17）

2．完成第一步后，我左脚向左侧开步，脚跟落地，右脚蹬地发力直膝，左手借右脚蹬地发力至掌，弓步拨掌用捧劲攻其肋部。此招也可变为擒拿式，制服对方。右野马分鬃与左野马分鬃用意相同，方向相反。（图 2-18）

图 2-17

图 2-18

## 功理作用

抱球时调动了肺经，肺主平衡，起于寅时，合于身中气机交注的十二时之运化；调动自身的元气，使真元之气的阴阳两大脉得到充实。肺经一通，周身百脉皆通。迈步分手时，手脚一起运动，触动肺经、脾经、肝经，三经得到调节。长期以正确的动作练习，才能调合气血，疏通经脉，再造精、气神。

该式适合腰、腿、颈、肩、膝关节炎和有气喘、胸闷等呼吸方面疾病的患者练习。

第三式

# 03

# 白鹤亮翅

## 练习方法

1．接上式，上体微左转，重心移至左腿；右脚起，向前跟步，落于左脚右后侧，前脚脚掌着地。左掌内旋收于胸前，掌心朝下，指尖向右；右掌外旋向左画弧至腹前，掌心朝上，指尖斜向左侧；两掌掌心相对。（图 3-1）

图 3-1

2．重心后坐，上体右转，左手自然搭至右手臂内侧，右臂上举。（图 3-2~图 3-3）

图 3-2

图 3-3

3．身体左转，左手从大腿内侧搂膝向左腿外侧画弧，左脚稍抬起。左脚脚尖落地。两掌右上左下画弧分开，右掌提至右额前，掌心向内；左掌按于左胯旁，掌心朝下；两臂保持弧形，目视前方。（图 3-4~图 3-5）

图 3-4

图 3-5

## 动作要领

1. 这一式在练习的过程中应该把重点放在步形和步法上。本式的步形是虚步，步法是跟步。虚步应做到上体松正，两腿虚实分明，重心稳定。跟步时，应先移动重心，轻轻提起右脚，向前跟进半步，落脚时与左脚距离约一脚长，重心慢慢后移，右脚逐渐踏实，右腿由虚变实，支撑大部分体重，最后将左脚轻缓地前移，调整成左脚前脚掌着地的左虚步。

2. 在做上述步法转换时，应注意腰部的旋转，保持全身动作协调完整，右脚前跟时，腰部微左转；身体后坐时，腰部微右转；最后调整步形时，身体再转向正前方。

3. 随着两手右上左下分开，应注意顶头竖脊，两掌分撑，松腰松胯、精神贯注，显示出定式时的沉着与稳定。

## 攻防演练

1. 设对方于正面先以左手攻击我，我左脚跟进近其身，后坐转腰，右手由体前向头右侧格挡对方来攻。（图 3-6）

2. 对方右手随之攻击我左腹时，我左手搂膝格挡，形成左下右上姿势，此时我左脚为虚步，可攻击其下体或踹其腹部。（图 3-7）

图 3-6

图 3-7

## 功理作用

体前抱球时，手三阴、手三阳分经流注，气血交融，心肺两脏得到滋养，“诸气者，皆属于肺。”气虚的培补、气逆的顺调、浊气的排放、清气的灌溉，都可以通过调节肺功能来实现。动作成虚生分手时，气血成“心火下降”“肾水升腾”之势，丹田气血充盈，使腰腿得到充实。

该式适合于泌尿系统感染及慢性肾炎患者练习。

第四式

# 04

# 左右搂膝拗步

## 练习方法

1. 接上式，上体微左转，右掌随之向左画弧自面前下落。（图 4-1）

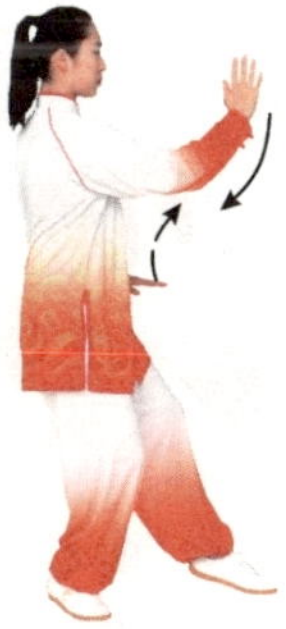
图 4-1

2. 上体右转，左脚收至右脚内侧。右掌再向上画弧至右后方；左掌再向下画弧至右肋旁。（图 4-2~图 4-3）

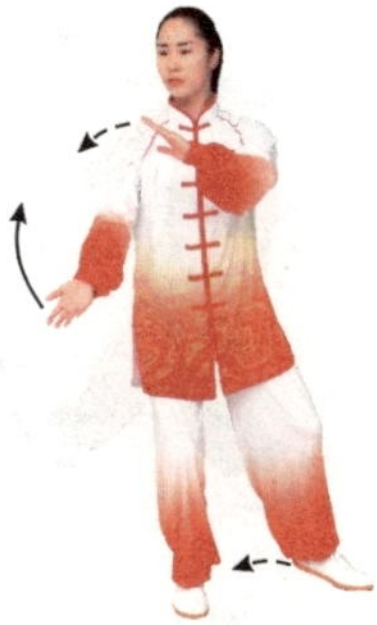
图 4-2

图 4-3

3. 上体左转，左脚向前上步，脚跟轻轻落地。右臂屈肘，右掌收至耳旁，掌心斜向前；左掌向下画弧至腹前。（图 4-4）

4. 重心前移，成左弓步。右掌立掌向前推出，指尖与鼻同高；左掌由左膝前搂过，按于左胯旁。（图 4-5~图 4-6）

图 4-4

图 4-5

图 4-6

5. 重心稍后移，左脚脚尖外撇，上体左转。（图 4-7）

6. 重心前移，右掌随之向左画弧，摆至身体左前方；左掌向左、向上画弧，摆至左肋旁。右脚收至左脚内侧。（图 4-8~图 4-9）

图 4-7

图 4-8

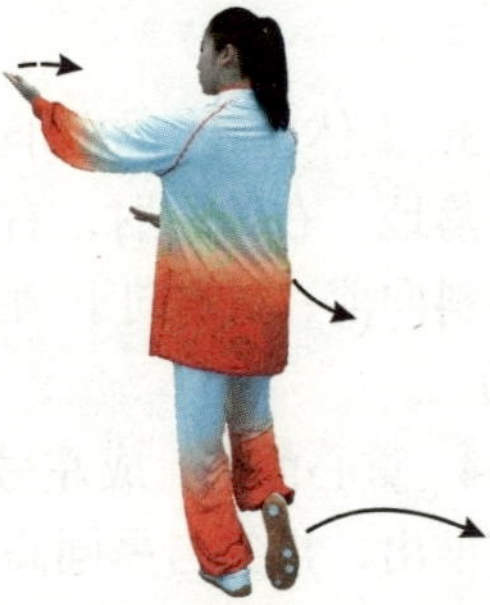

图 4-9

7. 左掌高与头平时屈臂，收至耳旁，掌心斜向前。上体右转，右脚向前上步，脚跟轻轻落地。右掌向右、向下画弧至腹前。（图 4-10）

8. 重心前移，成右弓步。左掌立掌向前推出，指尖与鼻同高；右掌由右膝前搂过，按于右胯旁。（图 4-11~图 4-12）

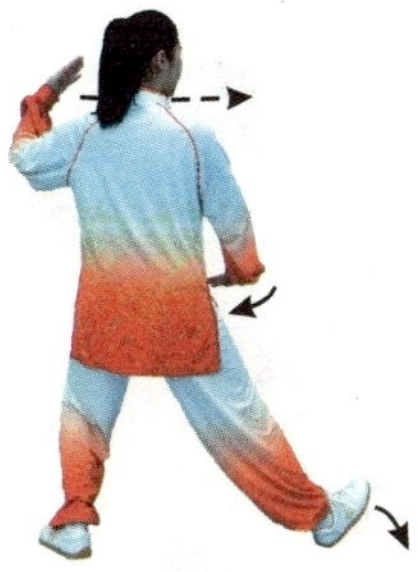
图 4-10

图 4-11

图 4-12

9. 重心稍后移，右脚脚尖外撇，上体右转，左掌随之向右画弧。（图 4-13）

10. 重心前移，上体右转。左掌经胸前向上、向右、向下画弧至右肋旁；右掌外旋向上托举，高与头平时屈臂，收至右耳旁，掌心斜向前。左脚收至右脚内侧。（图 4-14~图 4-16）

图 4-13

图 4-14

图 4-15

图 4-16

11. 上体左转，左脚向前上步，脚跟轻轻落地；左掌向下画弧至腹前。（图 4-17）

12. 重心前移，成左弓步。右掌立掌向前推出，指尖与鼻同高；左掌经腹前由右向左经左膝前搂过，按于左胯旁。（图 4-18~图 4-19）

图 4-17

图 4-18

图 4-19

## 方法要领

1．搂膝拗步与野马分鬃同为连续向前的三个弓步，所不同的是搂膝拗步是手脚左右异侧的拗弓步。为了保证重心的稳定，两脚的宽度一定要保持在 30 厘米左右，切忌两脚踝在一条直线上或左右交叉，防止上体歪扭。

2．在上步过程中，后脚收至支撑脚内侧，脚尖点地，是为了照顾初学者支撑无力、重心掌握不稳而提出的。一旦动作熟练以后，练习者应取消脚尖点地这个环节，使后脚经支撑脚内侧时不停不落，连贯稳健地向前迈出。控制能力强的练习者，完全可以直接连续上步，这样动作会更加连贯。

3．在做搂膝拗步时，前推、下搂的两掌和弓腿应同时到位，动作要上下合拍，同步进行。

## 攻防演练

1．设对方右拳攻击我左侧，我右臂前摆化其攻击，为避免纠缠，右手前摆格挡力量点到为止。此式需用腰劲，转腰摆掌动作连贯。（图 4-20）

图 4-20

2．设对方左拳攻击我右侧，我右臂前摆化其攻击，同时缠住对方手腕下按，随着转体引臂，将对方攻来之手经我体前向我右侧拨开。此式动作要在对方力量与我对抗时，把握时机由对抗转为顺势发力，

能起到四两拨千斤的效果。（图 4-21）

3. 屈臂上步，屈臂是为了攻击对方而蓄力。左脚开步，右脚蹬地直膝，弓步搂推。推掌可有两种效果，一是推掌速度快，力量点到为止，可使对方岔气，短暂失去攻击能力；二是顺势而推，力量延续，能使其倒地。（图 4-22）

图 4-21

图 4-22

4. 设对方是以右腿攻击我中路，我转体收脚，开步搂膝格挡，右脚蹬地直膝，弓步搂推。此式运用要迅速连续，左手可扣住对方右脚，在推掌时左手抬起，可以使对方向我左侧摔倒。（图 4-23）

图 4-23

## 功理作用

手挥琵琶一式可以聚合人体真元，行真气，外凭六合，手与脚合，肘与膝合，肩与腰合，内含真阳凝聚。劳宫穴照少海穴，含胸拔背，气沉丹田，内外兼修。劳官穴位于人体的手掌心，当第二、三掌骨之间偏于第三掌骨，握拳屈指的中指尖处，属心包经荥穴，功能散热燥湿，主治中风昏迷、中暑、心痛、癫狂、痫证、口疮、口臭、鹅掌风。少海穴位于屈肘时，当肘横纹内侧端与肱骨内上髁连线的中点处，属心经合穴，功能降浊升清，主治心痛、肘臂挛痛、瘰疬、头项痛、腋胁痛。长练此式，可以延年益寿，耳聪目明。

该式适合于健忘、失眠、神经衰弱及心脏病的患者练习。

第五式

05

# 手挥琵琶

## 练习方法

1. 接上式，右脚向前收拢半步，前脚脚掌轻落于左脚后，与左脚相距约一脚长；随即上体右转，重心后移，右脚踏实，左脚脚跟提起。左臂稍向前伸展，腕关节放松。（图 5-1~图 5-2）

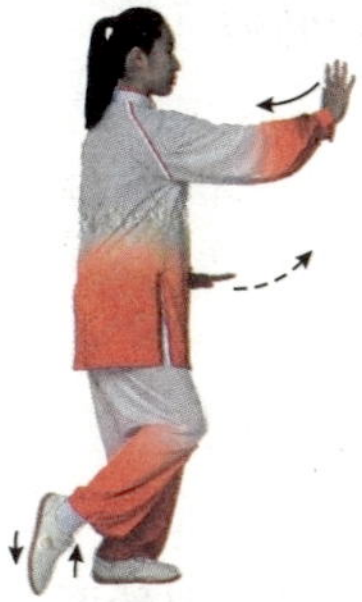

图 5-1

图 5-2

2. 左脚提起。左掌向左、向上画弧摆至体前，手臂自然伸直，掌心向下；右掌屈臂后下引，掌心斜向下。（图 5-3）

3. 上体稍向左回转，左脚稍向前移落步，脚跟着地，成左虚步。两臂外旋，左前右后屈肘合抱于体前，左掌与鼻尖相对，掌心朝右；右掌与左肘相对，掌心朝左；两臂如抱琵琶。（图 5-4）

图 5-3

图 5-4

## 练习要领

1. 本式练习时应注意身法、手法与步法的协调，防止动作生硬僵化。例如，在练后坐引手动作时，要学会以重心后坐和转体来带动两臂的前摆和后引；在练两臂的合手和虚步时，要以身体的向左回转来协调上下肢动作。

2. 定式时，两臂应半屈成弧，舒展圆满；还要顶头竖脊，松腰沉气，屈腿落胯，充分体现出沉稳、挺拔和饱满的气势。

## 攻防演练

1. 设对方右拳向我腹部袭来，我先以跟进步使重心向前，同时右手抓握对方右手，在对方欲收手时，我后坐按掌抓住对方腕部，向后牵引，形成左虚右实稳住身体重心，使对方重心前移而失去平衡。同时左手上提，做好下一步的攻击准备。（图 5-5）

2. 转腰按手，重心后坐，右手按压在对方右肩上或肘关节处，此式即可擒拿对方，也可攻击对方反关节处，使其肘关节受伤而失去攻击能力。（图 5-6）

图 5-5

图 5-6

## 功理作用

手挥琵琶一式可以聚合人体真元，行真气，外凭六合，手与脚合，肘与膝合，肩与腰合，内含真阳凝聚。劳宫穴照少海穴，含胸拔背，气沉丹田，内外兼修。劳官穴位于人体的手掌心，当第二、三掌骨之间偏于第三掌骨，握拳屈指的中指尖处，属心包经荥穴，功能散热燥湿，主治中风昏迷、中暑、心痛、癫狂、痫证、口疮、口臭、鹅掌风。少海穴位于屈肘时，当肘横纹内侧端与肱骨内上髁连线的中点处，属心经合穴，功能降浊升清，主治心痛、肘臂挛痛、瘰疬、头项痛、腋胁痛。长练此式，可以延年益寿，耳聪目明。

该式适合于健忘、失眠、神经衰弱及心脏病的患者练习。

第六式

# 06

# 左右倒卷肱

## 练习方法

1．接上式，上体稍右转，两掌掌心翻转向上。右掌随转体向下经腰侧向后上方画弧，右臂微屈，掌与头同高；左掌翻转停于体前。头随身体转动。（图 6-1~图 6-3）

图 6-1

图 6-2

图 6-3

2．上体稍左转，左脚提收至右脚旁。右臂屈卷，右掌收至肩上耳侧，掌心斜向下方；左掌开始后收。（图 6-4）

3．上体继续左转，重心后移，左脚踏实；右脚脚跟离地，右膝微屈，成右虚步。右掌推至体前，腕与肩同高，掌心朝前；左掌向后、向下画弧，收至左腰侧，掌心朝上。（图 6-5）

图 6-4

图 6-5

4. 上体稍左转，左掌向左后上方画弧，与头同高，掌心向上；左臂微屈，右掌翻转停于体前。头跟随身体进行转动，目视左手。（图 6-6）

5. 上体稍右转，右脚提收至左脚旁。左臂屈卷，左掌收至耳侧，掌心斜向前下方；右掌开始后收。（图 6-7）

图 6-6

图 6-7

6. 上体继续右转，重心后移，右脚踏实；左脚脚跟离地，左膝微屈，成左虚步。左掌推至体前，腕与肩同高，掌心朝前；右掌向后、向下画弧，收至右腰侧。（图 6-8~图 6-9）

图 6-8

图 6-9

7. 图 6-5 至图 6-9 的动作左右共做四次，退四步，前两次和后两次相同。（图 6-10~图 6-17）

图 6-10

图 6-11

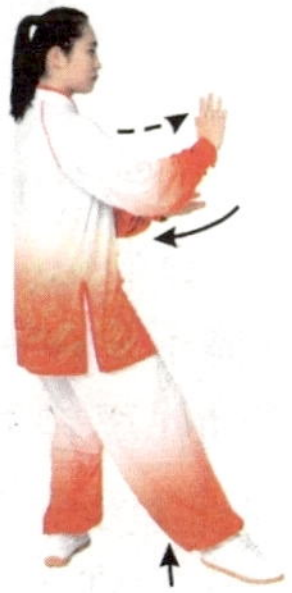

图 6-12

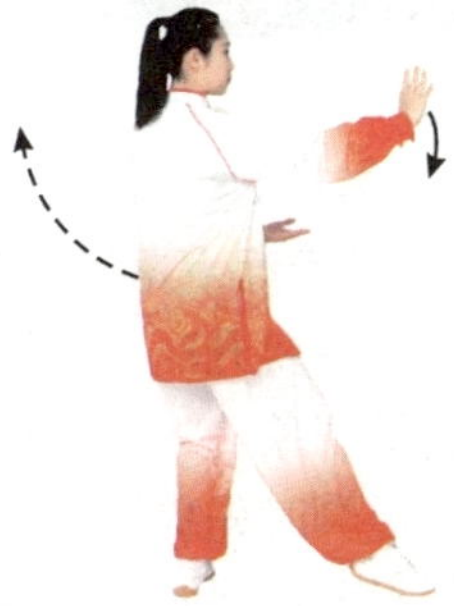

图 6-13

图 6-14

图 6-15

图 6-16

图 6-17

## 练习要领

1. 本式的步法是在虚步基础上的连续退步，练习中要抓住“重心平稳”“点起点落”“轻起轻落”的要领。“重心平稳”是指提腿时身体重心不要升高，落步时重心不要降低，身体不要在退步中出现明显的起伏现象。“点起点落”“轻起轻落”是指动作要轻灵柔和，由点及面。提脚时先提脚跟，落脚时先落脚掌（向前上步先落脚跟），不可平起平落；提脚防止猛蹬急收，落脚避免沉重“砸夯”。

2. 卷肱动作应重点强调屈肘折臂，避免屈指卷腕，不要把卷肱练成卷腕花。当推掌到顶点时，要有意识地坐腕、展掌、舒指，体现由虚到实的劲力变化。

3．撤掌时，掌要走弧线，不要直抽到胸前。另外，两掌的推撤要协调配合，在体前有一个两掌交错的过程，不要距离太远。

## 攻防演练

设在退守中反击，以右式为例。

1．假设对方右手攻来，我转体撤手翻掌，右手防御并且抓住对方右手手腕，顺着对方发力方向退步卸掉对方的攻击力。同时退步屈臂做进攻的准备。（图 6-18）

2．我重心后移，右手向后发力，使对方重心向前，同时我用左手推掌按住对方右侧肩膀发力，使对方向我右后方摔倒，便可将其制服。（图 6-19）

图 6-18

图 6-19

## 功理作用

倒卷肱是以手三阴、手三阳经脉带动周身经脉运行。列缺穴犹如人体上源的水利枢纽，左右着肺经、大肠经、任脉，肺经经水输供，分配的正常与否直接影响各经所管辖的区域的阳阳虚实，从而导致不同部位的各种病变。

该式适合于肩周炎、慢性肺炎、体弱多病的患者练习。

第七式

# 07

# 左揽雀尾

## 练习方法

1．接上式，上体微右转，右掌由腰侧向右上方画弧，右臂微屈，掌心斜向上；左掌在体前向下、向里画弧，掌心斜向下。头随身体转动。（图 7-1）

图 7-1

2．右手屈臂抱于胸前，掌心翻转向下；左掌画弧下落，屈抱于腹前，掌心转向上；两手上下相对呈“抱球”状。左脚收至右脚内侧，脚尖点地。（图 7-2）

3．上体微左转，左脚向左前方迈出一步，脚跟轻轻落地。（图 7-3）

图 7-2

图 7-3

4．上体继续左转，重心前移，左脚踏实，左腿屈膝前弓；右腿自然蹬直，成左弓步。两掌前后分开，左臂半屈向体前掤，腕与肩同高，

掌心朝内；右掌向下画弧按于右胯旁，掌心朝下，指尖朝前。（图 7-4）

5．上体稍左转，左掌向左前方伸出；右臂外旋，右掌经腹前向上、向前伸至左前臂内侧；两掌相对。（图 7-5）

图 7-4

图 7-5

6．上体右转，两掌向下经腹前向右后方画弧后捋，右掌举于身体侧后方，与头同高，掌心朝外；左臂平屈于胸前，掌心朝内。重心后移，身体后坐，右腿屈膝，左腿自然伸直。（图 7-6~图 7-7）

图 7-6

图 7-7

7．上体左转，正对前方。右臂屈肘，右掌收至胸前，搭于左腕内侧，掌心向前；左前臂仍屈收于胸前，掌心朝内，指尖朝右。（图

7-8）

8. 重心前移，右腿自然蹬直，成左弓步。右掌掌心推送左前臂向体前挤出，与肩同高，两臂撑圆。（图 7-9）

图 7-8

图 7-9

9. 左掌翻转向下；右掌经左腕上方向前伸出，掌心也转向下。随即两掌左右分开，与肩同宽。（图 7-10~图 7-11）

图 7-10

图 7-11

10. 重心后移，上体后坐，右腿屈膝；左腿自然伸直，左脚脚尖翘起。两臂屈收，两掌后引，经胸前收到腹前，掌心向下。（图 7-12~图 7-13）

图 7-12

图 7-13

11. 重心前移，左脚踏实，右腿自然蹬直，成左弓步。两掌沿弧线推按至体前，两腕与肩同宽、同高，两掌掌心朝前，指尖向上。（图 7-14）

图 7-14

## 练习要领

1. 揽雀尾的练习应重视上下肢的配合。掤、挤、按时要与弓腿协调一致，捋手和引手要与屈腿后坐一致。前弓和后坐时，重心移动要充分，要注意保持上体松正舒展。弓腿时要顶头、沉肩、竖脊、展背，坐腿时要松腰、敛臀、屈膝、落胯。

2. 揽雀尾包括掤、捋、挤、按四个分式。每个分式完成时，肢体要伸展，劲力要贯注，动作要沉稳，要体现出动作由虚到实的变化。

同时，太极拳的特点是绵绵不断，前一个招式的完成恰好是后一个招式的开始。所以拳式之间既要有虚实转换，又不可间断；要做到式变劲不断，劲变意不断。

3．本式的步形是顺弓步，两脚间的横向距离以不超过 10 厘米为宜。第二动抱手收脚后，应逐渐做到提收脚尖不点地。

4．做“掤式”时，转体分手和屈膝腿要到位。“捋式”时，两臂的后将要与腰部的旋转协调一致。“捋式”完成时，两掌斜向侧后方约 45 度，同时保持上体正，下肢稳固。“后坐引手”，左脚脚尖翘起，左腿膝部不要挺直，上体勿挺腹后仰；同时两掌保持与肩同宽，收至胸前，掌心斜向下，两肘微向外开。弓步时，两掌要沿弧线向上、向前推按。

## 攻防演练

揽雀尾的攻防主要以“掤”“捋”“挤”“按”四动，连续使用效果最佳，四动的分解使用如下。

1．掤手的含义是当对方右直拳向我攻来，我身体微转避开其攻击，右手经体前顺势抓住对方右手，左脚开步，右脚蹬地直膝的同时，右手下按，左手由下往上架住对方肘关节。（图 7-15）

2．捋的含义，在架起对方时，对方想要向后发力抽手，我顺势左手旋臂由架式变为抓式，假意用力向后推对方，使其向前发力对抗的同时，顺势后坐下捋，转身后捋，使其扑空。（图 7-16）

图 7-15

图 7-16

3．挤的用法是当对手感到落空，急欲抽身后退之际，转身搭手，我左手置于对方右手肘关节处下按。（图 7-17）右手抓住对方腕关节上托，然后弓步前挤制服对手。（图 7-18）

图 7-17

图 7-18

4．按在制住对方的右手后，对方左手进行攻击我右侧时，（图 7-19）左手抓住对方右手内侧，我右手格挡并抓住对方左手内侧，两手迅速向下抓住对方腕关节，同时向下牵引对方，使对方向后方反抗，重心提高，（图 7-20）我顺势由下往前上方前按或击对方腹部。（图 7-21）

图 7-19

图 7-20

图 7-21

## 功理作用

本经腧穴主治头、项、目、背、腰、下肢部的病症以及神志病，背部第一侧线的背俞穴及第二侧线相平的腧穴，主治与其相关的脏腑病症和有关的组织器官病症。膀胱经是人体最大的排毒通道，治疗的范围极其广泛，可以说身体内的任何疾病，都和膀胱经有着直接或间接的关系。

该式适合于贫血、营养不良、头痛，项、背、腰、臀部以及下肢后侧本经循行的部位疼痛等症的患者练习。

第八式

# 08

# 右揽雀尾

## 练习方法

1．接上式，重心后移，上体右转，左脚脚尖内扣。右手经头前画弧右摆，掌心向外，两掌平举于身体两侧。头及目光随右手移转。（图 8-1）

2．左腿屈膝，重心左移，右脚收至左脚内侧。左掌屈抱于左胸前，掌心向下；右掌屈抱于腹前，掌心向上；两掌上下相对，在左肋前“抱球”。（图 8-2）

图 8-1

3．上体微右转，右脚向右前方迈出一步，脚跟轻轻落地。（图 8-3）

图 8-2

图 8-3

4．上体继续右转，重心前移，右脚踏实，右腿屈膝前弓；左腿自然蹬直，成右弓步。两掌前后分开，右臂半屈向体前掤，腕与肩同高，掌心向内；左掌向下画弧按于左胯旁，掌心向下，指尖向前。（图 8-4）

5．上体稍右转；右掌向右前方伸出，掌心转向下；左臂外旋，左掌经腹前向上、向前伸至右前臂内侧。（图 8-5）

图 8-4

图 8-5

6. 上体左转，两掌向下经腹前向左后方画弧后捋；左掌举于身体侧后方，与头同高，掌心朝外；右臂平屈于胸前，掌心向内。重心后移，身体后坐，左腿屈膝，右腿自然伸直。（图 8-6~图 8-7）

图 8-6

图 8-7

7. 上体右转，正对前方。左臂屈时，左掌收至胸前，搭于右腕内侧，掌心向前；右前臂仍屈收于胸前，掌心向内，指尖向左。（图 8-8）

8. 重心前移，左腿自然蹬直，成右弓步。左掌推送右前臂向体前挤出，与肩同高，两臂撑圆。（图 8-9）

图 8-8

图 8-9

9．左掌翻转向下，右手经左腕上方向前伸出，掌心也转向下。随即两掌左右分开，与肩同宽。（图 8-10~图 8-11）

图 8-10

图 8-11

10．两臂屈收，两掌后引，经胸前下按收至腹前，掌心斜向下。（图 8-12~图 8-14）

图 8-12

图 8-13

图 8-14

11．重心前移，右脚踏实，右腿屈弓；左腿自然蹬直，成右弓步。两掌沿弧线推按至体前，两腕与肩同宽、同高，两掌掌心向前，指尖向上。（图 8-15）

图 8-15

## 练习要领

1．随身体右转，右掌水平向右画弧，两掌分开不超过 120 度。此时左掌不要随之向右摆动。

2．身体右转时，两腿屈膝后坐，重心不可升高。左脚脚尖内扣，扣的角度以大于 90 度为宜。

3．其余要领与“左揽雀尾”相同。

## 攻防演练

与左揽雀尾相同，方向相反。

## 功理作用

与左揽雀尾相同。

第九式

# 09 单鞭

## 练习方法

1. 接上式，重心左移，上体左转，右脚脚尖内扣。两臂交叉运转，左掌经面前向左画弧至身体左侧，掌心由内向下；右掌经腹前向左画弧至左肋前，掌心转向上。（图 9-1~图 9-2）

图 9-1

图 9-2

2. 上体右转，重心右移，右腿屈膝。右掌向上、向右画弧，掌心向内；左掌翻转向下，向腹前画弧。（图 9-3~图 9-4）

图 9-3

图 9-4

3. 重心右移，左脚收至右脚内侧。右掌经面前至身体右前方变

成勾手，勾尖向下，腕与肩同高；左掌向下、向右画弧，经腹前至右肩前，掌心转向上。（图 9-5）

4. 上体稍左转，左脚向左前方迈出一步，脚跟落地。左掌经面前向左画弧，掌心向内。（图 9-6）

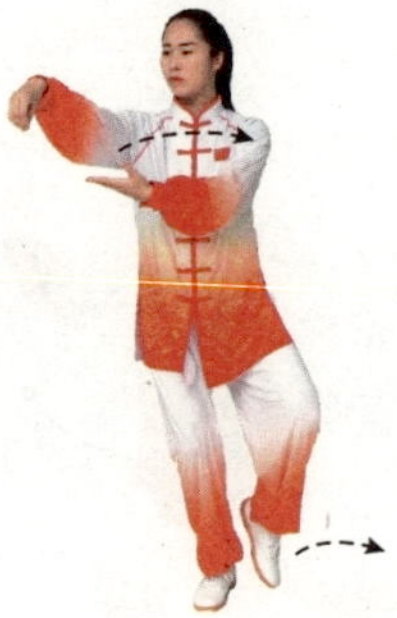

图 9-5

图 9-6

5. 上体继续左转，重心前移，左脚踏实，左腿屈弓；右腿自然蹬直，脚跟外展，成左弓步。左掌经面前翻转向前推出，腕与肩同高；左肘与左膝上下相对。（图 9-7）

图 9-7

## 练习要领

1. 单鞭的弓步应斜向左前方，以不超过 30 度为宜；两脚的左右宽度约 10 厘米；前臂、前腿的方向应一致；勾手时，右臂伸举方向为斜后方 45 度。

2．身体左右转动时，重心移动要充分，两腿虚实要分明。

3．推掌时，随着上体左转，左腿前弓，左掌一边翻掌一边向前推出，配合松腰、松胯、沉气，沉腕、展掌、舒指。

4．动作熟练后，应做到收脚后脚尖不点地，有基础的练习者也可在开始时直接提收，不经过点地过程。

## 攻防演练

1．设对方从侧边以左拳攻击我头部时，我坐腿转身扣左脚，右手格档并抓住对方左拳屈腕。(图 9-8)

2．抓住对方后，转身上步，右腿蹬地直膝，弓步推掌攻击其面部，也称“盖面掌”，像钢鞭一样给对方有力的打击。突出右手勾抓左手按击的拳式基本用法。(图 9-9)

图 9-8

图 9-9

## 功理作用

单鞭动作是以导引手阳明大肠经为重点的，通过手足的协调运动，以及意念的运用，使三阳与三阴贯通，特别刺激了合谷与足三里这两个穴位，形成手阳明与足阳明的表里经脉大循环。中医认为，“足三里”是胃经要穴，而胃是人的后天之本，刺激该穴可补脾健胃。增强免疫功能，同时还能消除疲劳，延年益寿，故该穴又被称为强壮要穴。若经常拍打此处，可增强抗病能力，提高健康水平，保持精力旺盛。

该式适合于慢性肠胃病及头面部疾病的患者练习。

# 第十式 10 云手

## 练习方法

1. 接上式，重心右移，上体右转。左脚脚跟随之碾动。右勾手松开变掌，腕与肩平；左掌自左向下，经腹前向右画弧。（图 10-1）

图 10-1

2. 重心左移，上体左转。左掌掌心向内，自右向上、向左，经面前画弧云转，指尖齐眉；右手向下经腹前向左画弧云转。上体继续左转，右脚收于左脚内侧落地，两脚平行向前，相距 10~20 厘米。两掌云至身体左侧逐渐翻转，左掌掌心转向外，腕与肩高；右掌云至腹前，掌心朝上。（图 10-2~图 10-3）

图 10-2

图 10-3

3. 重心右移，上体继续右转。左脚抬起，向左侧开步，脚尖向前。右掌自左经面前向右画弧云转，两掌逐渐翻转；左掌向下、向右

画弧云转至腹前，右掌旋臂转掌云至身体右侧。（图 10-4）

4. 重心左移。左掌经腹前向上、向右画弧云转至右肩前；右掌向下云转。（图 10-5）

图 10-4

图 10-5

5. 上体继续左转。左掌经面前向左画弧云转；右掌向下经腹前画弧向左云转。右脚收于左脚内侧落地，两脚平行向前，相距 10~20 厘米。（图 10-6）

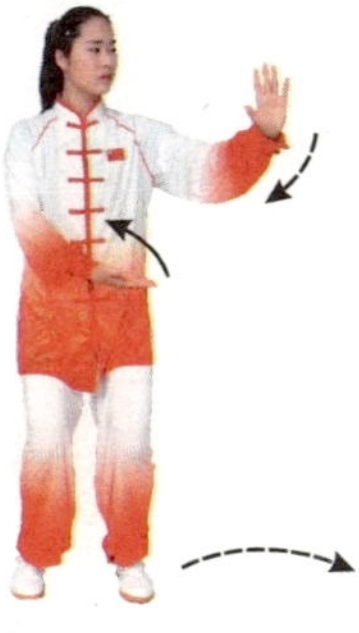

图 10-6

6. 上体继续左转。两掌云至身体左侧逐渐翻转，左掌掌心转向外，右掌经左肘内侧云至左肩前。重心右移。左脚抬起，上体继续右

转，左脚向左侧开步。右掌自左经面前向右画弧云转，指尖齐眉；左掌向下经腹前向右画弧云转。（图 10-7）

8．重心左移。两掌逐渐翻转，左掌经腹前向右画弧云转至右肩前；右掌旋臂转掌云至身体右侧。（图 10-8）

图 10-7

图 10-8

9．上体左转。左掌经面前向左画弧云转；右掌向下经腹前画弧向左云转。上体继续左转。右脚收于左脚内侧落地，两脚平行向前，相距 10~20 厘米。两掌云至身体左侧逐渐翻转，左掌掌心转向外，右掌经左肘内侧云至左肩前。（图 10-9）

图 10-9

## 练习要领

1. 此式要做到以腰为轴，转腰带手，身手合一。两手的左右摆动不是孤立的，要与重心的移动、腰的旋转和侧行步法协调完成。两臂的旋转和脚步的移动要轻柔渐进，配合要恰到好处。

2. 本式的步形为小开步。小开步的要求是两脚平行向前，运行过程中两脚不可并拢。

3. 云手的步法是侧行步，做侧行步时要注意四点。

第一，要掌握“点起点落”“轻起轻落”的步法规律。在侧行中，两脚由点及面提落踏实，轮换支撑体重，重心移动要充分，两腿虚实要分明。左脚轻灵地提起向左分开，右脚轻灵地向左脚并拢。

第二，步幅要适度。侧行步的步幅是以一腿屈膝支撑体重，另一腿自然伸直横向迈出一步。

第三，移步时，上体不可俯仰歪斜或摆晃。

第四，身体不可起伏，重心应平稳、均匀地运动，始终保持拳架处于同一高度。

4. 云手手法是两手交错向左或向右画立圆，伴随旋臂翻掌。手臂经过面前画圆时，应半屈成弧，距头不要过近。向下画圆时，肘微屈，臂自然伸开。

## 攻防演练

云手是可攻可防的一个动作，在实际使用中，通过全身的协调配合，既可以化解对方的劲缠住对方，使对方处于一个被动的地位，也可在化解对方的力后顺势进攻。

1. 比如对方左拳进攻，我转腰云手并步移重心，利用近端力小的原理，并步靠近对方的身体，云手格挡的同时右手抓住对方攻击手手腕，顺势往右后方发力。（图 10-10）

2. 左脚开脚弓步，右手下按左手上架，即可击打对方，也可擒拿对方。（图 10-11~图 10-12）

图 10-10

图 10-11

图 10-12

## 功理作用

云手是通过动作的不断变化，使气达到内循环的境界，通过腰脊的活动，不断刺激命门穴，主宰着一身上下相随的气脉。人体的命门穴位于腰部，当后正中线上，第二腰椎棘突下凹陷中。本穴因其位处腰背的正中部位，内连脊骨，在人体的重力场中为位置低下之处，脊骨内的水液，由此外输体表督脉，本穴外输的水液，有维系督脉气血流行不息的作用，为人体的生命之本，故名命门。功能作用：接续督脉气血，可以壮腰补虚，温补脾肾。

该式适合于高血压、男性遗精阳痿、女性月经不调及慢性肠胃病的患者练习。

第十一式

# 11 单鞭

## 练习方法

1. 接上式，上体右转，右掌经面前向右画弧至胸前，左掌向下经腹前向右、向上画弧。（图 11-1）

图 11-1

2. 重心移向右腿，左脚自然回收，脚跟提起，右掌翻转变勾手，左掌掌心转向内。（图 11-2）

3. 上体稍左转，左脚向左前方上步，脚跟落地。左掌经面前向左画弧，掌心向内。（图 11-3）

图 11-2

图 11-3

4. 上体继续左转，重心前移。左脚踏实，左腿屈弓；右腿自然蹬直，脚跟外展，成斜向左前方的左弓步。左掌翻转向前推出，腕与肩同高；左肘与左膝上下相对。（图 11-4）

图 11-4

## 练习要领

1. 单鞭的步应斜向左前方，以不超过 30 度为宜；两脚的左右宽度约 10 厘米；前臂、前腿的方向应一致；勾手时，右臂伸举方向为斜后方 45 度。

2. 身体左右转动时，重心移动要充分，两腿虚实要分明。

3. 推掌时，随着上体左转，左腿前弓，左掌一边翻掌一边向前推出；到达顶点时，配合松腰、松胯、沉气，沉腕、展掌、舒指。

4. 动作熟练后，应做到收脚后脚尖不点地。

## 攻防演练

同第九式单鞭。

## 功理作用

同第九式单鞭。

第十二式

# 12

# 高探马

## 练习方法

1. 接上式，右脚向前收拢半步，距左脚约一脚长。右勾手变掌屈肘；左掌翻转，掌心向上，重心后移，右脚踏实。（图 12-1~图 12-2）

图 12-1

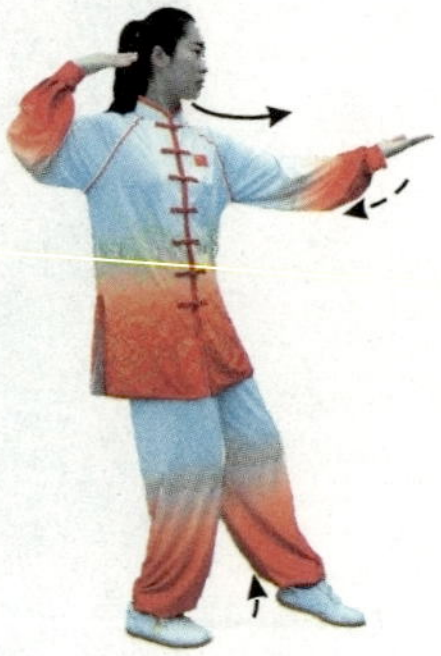

图 12-2

2. 上体稍左转，右腿屈坐。右肩前送，右掌屈收，经头侧再向前推。（图 12-3）

3. 上体左转，左脚前点。右腕与肩同高，右掌掌心向前；左臂屈收，左掌收至腹前，掌心向上。（图 12-4）

图 12-3

图 12-4

## 练习要领

虚步推掌应在转腰、顺肩的配合下完成，身体要保持中正、舒展，动作要协调一致。

## 攻防演练

1. 设当对方右拳或右掌击来，我跟步翻掌，我用左前臂外旋，抓住其腕或前臂，右臂屈肘。右脚跟步，给对手一个我们迎拳的假象，有利于左手化其攻势。（图 12-5）

2. 后坐屈臂，重心后坐，运用后坐的力，向后引带对方。虚步推掌，右手乘势推掌直击其面或颈部，故“高探马”又称“扑面掌”。（图 12-6）

图 12-5

图 12-6

## 功理作用

高探马是以左手缠腕沉采，右手高势探鼻，双手先拉后打，中间有一个时间差来达到技击效果。高探马可以锻炼上肢的肌肉力量，提高身体协调性和柔韧性，同时也可以促进呼吸和循环系统的功能。

# 第十三式 13

# 右蹬脚

## 练习方法

1．接上式，左脚提收。右掌稍向后收；左掌经右掌背上向右前方穿出。两手交错，腕关节相交，掌背相叠。（图 13-1）

2．上体左转。左脚向左前方迈出，脚跟着地，两掌合举于胸前。（图 13-2）

图 13-1

图 13-2

3．左脚踏实，右腿自然蹬直。左掌内旋，两掌由上向两侧分掌，掌心皆向外；随即由左右两侧向下画弧，掌心向前，虎口相对，两臂外撑。（图 13-3~图 13-4）

图 13-3

图 13-4

4．右脚收至左脚内侧，脚尖点地。两掌向腹前画弧相交合抱，

左掌在内，右掌在外，两掌掌心皆向内。（图 13-5）

5. 右腿屈膝上提，高于水平。双掌合抱于胸前。（图 13-6）

图 13-5

图 13-6

6. 右脚脚尖上勾，脚跟用力慢慢向右前上方蹬出；左腿微屈，右腿伸直。两掌掌心向外撑开，两臂展于身体两侧，肘关节微屈，两腕与肩平。右腿与右臂上下相对，方向为右前方约 30 度。（图 13-7）

图 13-7

## 练习要领

1. 蹬脚的动作要求具有较高的腿部力量和支撑平衡能力。在练习时，应重点抓住“平稳”和“协调”两个关键。要做到“平稳”，首先收脚时要稳定重心，初学者利用脚尖点地，调整重心，逐步做到收脚不落地也能控制好重心。提膝、蹬脚的动作要匀速缓慢，不可突然加速，以免失去平衡。同时还要注意加强基本功的训练，提高桩步的稳固性和韧带的柔韧性。要做到“协调”应抓住六个一致，即穿掌与收脚一致、上步与翻手一致、弓腿与分手一致、收脚与抱手一致、提膝与举抱一致、蹬脚与分手撑臂一致。在做动作中，抓住了这六个一致，整个动作就会协调。

2．本式手臂的动作较为复杂。在“穿掌—分掌—合抱—撑开”的整个过程中，双手两次交错和分开，在练习中应将画弧的路线、前臂的旋转等细节搞清楚。第一动的穿掌应随着转体先微向右再向左上步，左掌经右掌背向前上方伸穿。两掌背相对，两腕交错，与肩同高，两肘微屈。第二、三动的分掌与合抱是一个完整的两臂回环过程。分掌时，两掌边内旋翻掌，边经面前向左右画弧分开；随之两掌不停顿地一边外旋翻掌，一边向下经腹前交错合抱举于胸前。第四动的分掌外撑，两掌右前、左后分开画弧，举掌不要超过头的高度，两肘保持微屈，这时重心上升，支撑腿自然伸直。

3．定式时要顶头立腰，蹬脚高于水平，重心保持稳定。初学者一时做不到，也不必勉强，应因人而异，循序渐进。

## 攻防演练

右蹬脚动作的重在于“蹬”，在对方以左腿横扫攻击我右侧时，我提膝格挡来脚，同时勾起脚尖蹬其肋部或下吧，同时而手掌侧立，向左右平肩分开，以称分脚之式，眼亦随右手看去，伺机而动。（图 13-8）

图 13-8

## 功理作用

涌泉穴是人体的长寿大穴，经常刺激此穴，则肾精充足，耳聪目明，发育正常，精力充沛，性功能强盛，腰膝壮实不软，行走有力。涌泉穴与人体的生命息息相关。涌泉，顾名思义就是水如泉涌。水是生物体进行生命活动的重要物质，水有浇灌，滋润之能。有水则能生气，涌泉如山环水抱中的水抱之源，给人体形成了一个强大的气场，维护着人体的生命活动。

该式适合于糖尿病、妇女虚寒痛经，男子疝气的患者练习。

第十四式

# 14

# 双峰贯耳

## 练习方法

1. 接上式，右腿屈膝回收，脚尖自然下垂。左掌经头侧向体前画弧，与右掌并行落于右膝上方，掌心皆向上，指尖向前。（图 14-1）

2. 右腿向右前方上步，脚跟落地，脚尖斜向右前方约 30 度。两掌稍下落，掌心向上。（图 14-2）

图 14-1

图 14-2

3. 重心前移，右脚踏实，右腿屈弓；左腿自然蹬直，成右弓步。两手握拳旋臂从两腰侧向上、向前画弧摆至头前。两臂半屈成弧，两拳相对成钳形，与头同宽，前臂内旋，拳眼斜向下。目视前方。（图 14-3~图 14-5）

图 14-3

图 14-4

图 14-5

## 练习要领

1．定式方向应与右蹬脚的方向一致。

2．落脚前，支撑的左腿先屈蹲，降低重心，然后右脚再向前上步落地。

3．握拳时，力点在拳面，两拳拳眼斜向下，立身中正，沉肩坠肘。

## 攻防演练

双峰贯耳接右蹬脚动作连贯使用，设蹬脚未将对方蹬倒。

1．对方进行二次攻击，且左右手同时攻击我时，我稍挫后足避之，两手迅速翻掌抓住对方双手，同时右脚屈膝收回于体前，即可防止对方下盘攻击，又可为攻击对方作准备。（图 14-6）

图 14-6

2．迈脚后捋，两手向我两侧发劲，使对方的两手被控制于我左右胯旁，此时对手的身体重心完全被我掌控着。（图 14-7）

3．当对方想要回抽两手时，我两手向下快速下甩，使其两手随着身体向后摆，与此同时我弓步贯拳，双拳从里向外、向上弧形贯打对方太阳穴或双耳。（图 14-8）

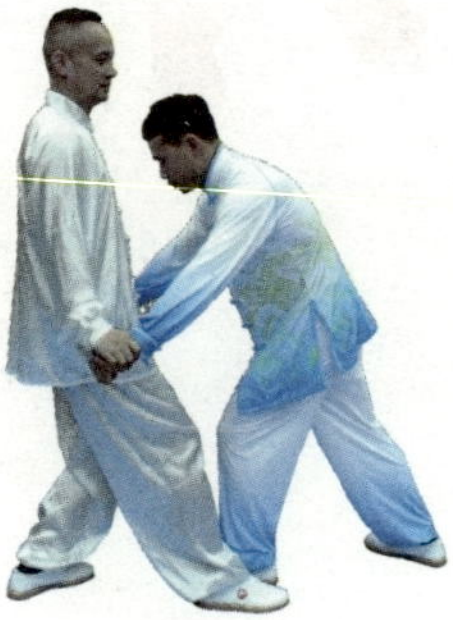

图 14-7

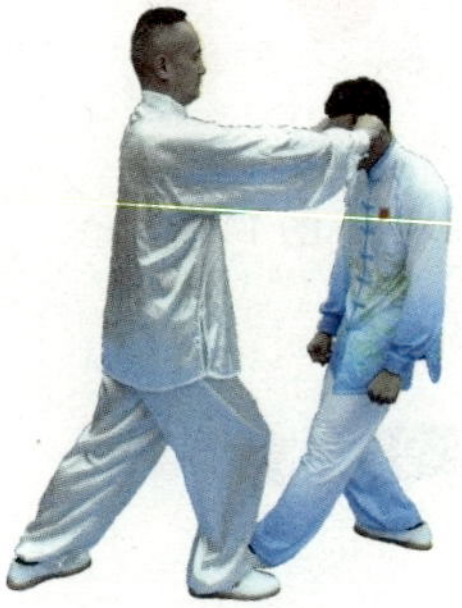

图 14-8

## 功理作用

双峰贯耳动作是通过四肢运动，使周身气脉气血加速向上运行，对大椎穴进行柔性按摩，起到还精补脑的效果。大椎穴位于人体后正中线上，第七颈椎棘突下的凹陷中。功能作用：益气壮阳。

该式适合于鼻炎、中耳炎、肩背酸痛及中风康复期的患者练习。

第十五式

# 15

## 转身左蹬脚

## 练习方法

1. 接上式，重心左移，上体左转，左腿屈坐，右脚脚尖内扣。重心移右腿，两拳松开，左掌经面前向左画弧，两臂微屈举于身体两侧，掌心向外。（图 15-1~图 15-2）

图 15-1

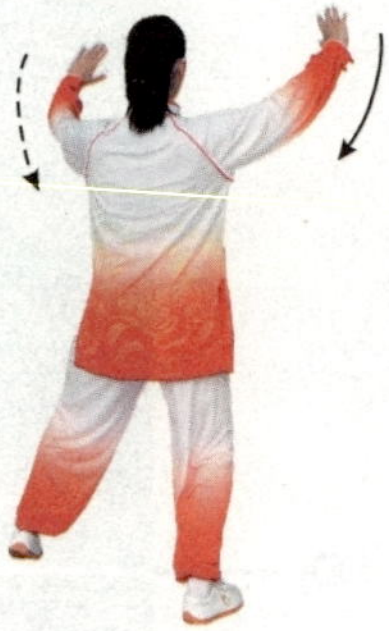
图 15-2

2. 屈膝后坐；左脚收至右脚内侧，脚尖点地。两掌向下画弧，于腹前交错合抱，左掌在外。（图 15-3~图 15-4）

图 15-3

图 15-4

3. 右腿支撑，左腿屈膝上提，双掌合抱于胸前，两掌掌心皆向

内。（图 15–5）

4．左脚脚尖上勾，脚跟用力，向左前上方慢慢蹬出。两臂内旋，两掌掌心转向外，左前、右后画弧分开，两臂微屈，举于身体两侧。左腿蹬直，方向为左前方约 30 度，与左臂上下相对。目视左掌。（图 15–6）

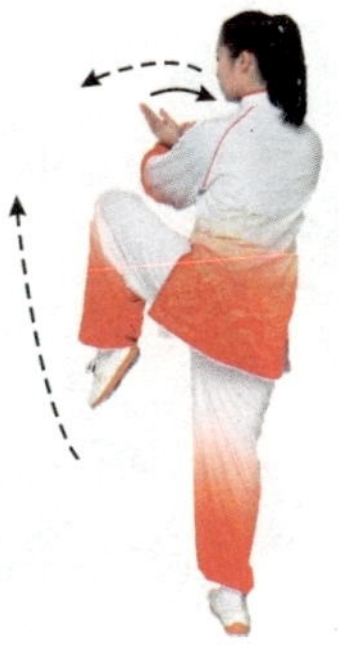
图 15–5

图 15–6

## 练习要领

转体分掌时，右脚尽量内扣，重心移动要充分，两掌向两侧画弧分开。左蹬脚与右蹬脚的方向相反。

## 攻防演练

与右蹬脚相同

## 功理作用

与右蹬脚相同

第十六式

16

# 左下式独立

## 练习方法

1．接上式，左腿屈收，左脚下垂收于右小腿内侧。上体右转，右臂稍内合，右掌变勾；左掌经头前画弧摆至右肩前，掌心向右，指尖向上。（图 16-1）

2．右腿屈膝半蹲；左脚前脚掌落地，沿地面向左侧伸出，随即全脚踏实，左腿伸直。左掌落于右肋侧。（图 16-2）

图 16-1

图 16-2

3．上体左转，成左仆步。左掌经腹前沿左腿内侧向左穿出，掌心向内，指尖向左。（图 16-3）

4．重心移向左腿，左脚脚尖外展，左腿屈膝前弓；右腿自然蹬伸，右脚脚尖内扣。左掌继续前穿并向上挑起；右勾手内旋。（图 16-4）

图 16-3

图 16-4

5．重心后坐，左脚脚尖抬起外转约 45 度。右手背于身后，勾尖

朝上。（图 16-5）

6. 左脚脚尖落地，重心恢复至弓步高度；随即重心前移，左腿微屈，右脚收回。右勾手变掌。（图 16-6）

图 16-5

图 16-6

7. 左腿独立支撑，成左独立步；右腿提膝，右脚脚尖自然下垂。右掌立掌，指尖上挑，高不过眼；左掌下落按于左胯旁。右臂半屈成弧，肘关节与右膝上下相对。目视右掌。（图 16-7）

图 16-7

## 练习要领

1. 练此式应抓住两个重点：一是仆步步形要正确；二是重心的升降和移动要平稳连贯。为了使仆步转独立步时身体平稳过渡，仆步的两脚左右应保持一脚长的距离，以仆出腿的脚尖和下蹲腿的脚跟置于中轴线上为宜。重心由仆步转向前弓腿时，两腿要注意尽量外撇和内扣，这样才能轻松地完成提腿独立。

2. 仆步前，要先把左脚收靠在右小腿内侧。初学时可以收脚点地，稳定重心，逐渐过渡为脚不着地。此时视线随左手右移，转看右勾手，勾手的方向是侧后方约 45 度。

3. 左脚仆出时，应沿地面向左伸出。仆步完成时，右腿全蹲，左腿伸直，两脚全脚掌踏实地面。

4. 向左穿掌时，左臂先屈后伸，上体微向前倾，以助其势。

5. 定式时，右臂要舒展撑圆，左掌向下沉按，左臂微屈；独立腿微屈站稳，前提腿大腿高于水平；上体保持正直、舒展。

## 攻防演练

1. 设对方左弓步右拳向我袭来，我落脚转身摆手勾手，屈膝开步避其右拳；仆步把手脚伸至对方的裆下或是直接戳穿对方的小腹或裆部，身体微前倾，让对方拳落空。（图 16-8）

图 16-8

2. 我右手顺势抓住对方右手，同时右脚蹬地发力，左脚左手弓步上挑；利用右手牵制对方，然后快速上挑，将对方摔出。（图 16-9）

3. 设对方快速起身再次攻来，以左弓右拳攻击我中路，我重心稍微后坐，避其攻势，前脚尖外撇，转腰摆掌格挡，并抓以左手住对方右手。（图 16-10）

图 16-9

16-10

4. 对方左手再次向我右侧袭来，右手格挡对方左手的进攻，右脚蹬地上步，提膝用膝关节去撞击对方的腹部、胸口或下颚。（图 16-11）

图 16-11

## 功理作用

清热生气，滋肾阴、补肾气、壮肾阳、理胞宫的功能。独立动作引导人体真气上行，对手三阳经气血有疏通的作用。古语说“循经所过，主治所及”，就是说经从哪儿过就能治哪儿的病，独立的定式动作是提膝挑掌，挑掌动作气血冲击手阳明大肠经的合谷穴，该穴的经气旺盛，可以增强人体的抵抗能力，古人经常用它来治疗头面的疾病，有“面口合谷收”之说。

# 第十七式

# 17

# 右下式独立

## 练习方法

1. 接上式，右脚落于左脚右前方，前脚脚掌着地；上体左转，左脚以脚掌为轴随之扭转。右掌从面前向左画弧。左掌变勾手，提举于身体左侧，与肩同高；右掌经头前画弧摆至左肩前，掌心向左。右脚沿地面向右伸出，随即右腿伸直，右脚全脚踏实。（图 17-1）

2. 左腿屈膝全蹲，上体右转，成右仆步。右掌经左肋侧沿腹前、右腿内侧向右穿出，掌心向内，指尖向右。（图 17-2）

图 17-1

图 17-2

3. 重心移向右腿，右脚脚尖外撇，右腿屈膝前弓；左脚脚尖内扣，左腿自然蹬伸，重心恢复至弓步高度。右掌继续前穿并向上挑起；左勾手内旋，背于身后，勾尖朝上。（图 17-3~图 17-4）

图 17-3

图 17-4

4．重心后坐，右脚脚尖抬起外转约 45 度。（图 17-5）

图 17-5

5．右脚脚尖落地，重心恢复至弓步高度；随即重心前移，右腿微屈，左脚收回。左勾手变掌。

6．上体右转，重心前移。左腿屈膝前提，脚尖自然下垂；右腿微屈，独立支撑，成右独立步。右掌下落按于右胯旁；左掌经体侧向前上挑起成立掌，掌心向右，指尖向上，高不过眼。左臂半屈成弧，肘关节与左膝上下相对。（图 17-6）

图 17-6

## 练习要领

1．第一动，右脚应落在左脚右前方约 20 厘米处。这样当左脚脚跟内转之后，右脚的位置恰在左脚脚弓内侧。

2．向左转身时，身体重心应始终落在左腿上。

3．右腿仆出时，应先提起右脚再伸出，不要直接擦地而出。

## 攻防演练

同第十六式左下式独立

## 功理作用

同第十六式左下式独立

第十八式

# 18

# 左右穿梭

## 练习方法

1．接上式，左脚向左前方落步，脚尖外撇，重心左移。上体左转；左掌内旋，掌心翻转向下；右臂内旋，右掌掌心向上，两掌似“抱球”状。（图 18-1）

2．重心左移，右脚收于左脚内侧。两掌在左肋前上下相抱。（图 18-2）

图 18-1

图 18-2

3．上体右转，右脚向右前方上步，脚跟着地；重心前移，右脚踏实，右腿屈膝前弓，成右弓步。右掌由下向前上方画弧，左掌由上向后下方画弧。（图 18-3~图 18-4）

图 18-3

图 18-4

4. 上体继续右转，右掌翻转上举，架于右额前上方，掌心斜向上；左掌推至体前，与肩同高。(图 18-5)

5. 重心前移，上体右转。右掌下落于肩前；左掌稍向左画弧，落至腹前；两掌在右肋前上下相抱，两掌似“抱球”状，左脚收至右脚内侧。(图 18-6)

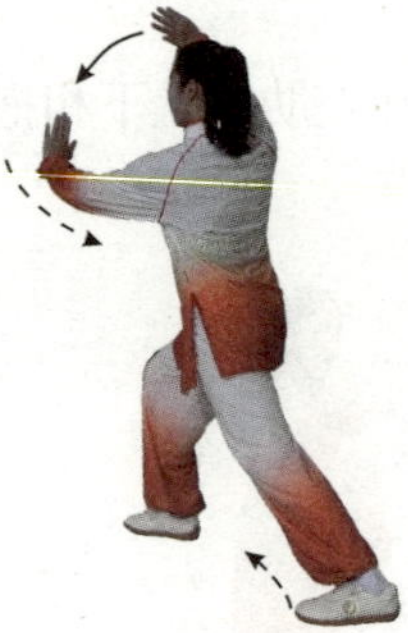

图 18-5

图 18-6

7. 上体左转，左脚向左前方上步，脚跟着地；重心前移，左脚踏实，左腿屈膝前弓，成左弓步。左掌由下向前上方画弧，右掌由上向后下方画弧，两掌交错。(图 18-7~图 18-8)

图 18-7

图 18-8

8. 上体继续左转，左掌翻转上举，架于右额前上方；右掌推至

体前，与肩同高。目视右掌。（图 18-9）

图 18-9

## 练习要领

1. 左右穿梭均是拗步推掌，弓步方向和推掌方向一致，与中轴线约成 30 度斜角；两脚的横向距离保持在 30 厘米左右，不可过窄，以利重心稳定，上体松正。

2. 本式的手法是一掌上架，一掌前推。上架掌翻掌举于额前上方，力点在前臂。前推时先收到肋前或腰间蓄劲，而后随转腰顺肩向前推出。

## 攻防演练

（以右穿梭为例）

1. 设对方从左前方以右拳由上往下攻击我头部时，我上步分手，左手上架，挡住对方由上往下的攻击，保护头部。右手下至右肋旁。（图 18-10）

2. 弓步架推，左手小臂内璇，掌心朝上，右脚通过蹬发力至髋至腰最后至右手，右手急从左肘下穿出，冲向敌之胸肋部击去。此式

左右手相穿，忽隐忽现，捉摸不定，袭乘其虚。故曰玉女穿梭。以喻其势之巧捷也。左穿梭与右穿梭用法相同。（图 18-11）

图 18-10

图 18-11

## 功理作用

左右穿梭动作是通过使手三阴、手三阳经升降而达到人体经络畅通的目的。内关穴有“宁心安神、理气止痛、和胃降逆”的作用。现代医学证明，刺激内关穴对冠心病、心绞痛有很好的疗效。同时，左右穿梭动作对大肠经、肺经也具有针对性的治疗作用。

该式适合于便秘、肩周炎、慢性支气管炎及心脏系统疾病的患者练习。

第十九式

# 19

# 海底针

## 练习方法

1. 接上式，上体稍右转，右脚向前收拢半步，脚跟落地，距左脚约一脚长。（图 19-1）

图 19-1

2. 上体右转，重心后移，右腿屈坐，左脚脚跟提起。两掌向下画弧，左掌掌心向下。右掌由下经体侧屈臂抽提至右耳旁，掌心向左，指尖向斜下方；左掌向右画弧，下落至腹前，掌心向下。（图 19-2~图 19-3）

图 19-2

图 19-3

3. 上体左转，向前俯身。右掌从耳侧向前下方斜插，掌心向左，指尖斜向下；左掌经左膝前向右画弧搂过，按至大腿外侧。左脚稍前

移，前脚掌着地，成左虚步。（图 19-4）

图 19-4

## 练习要领

1. 虚步插手时，上体要舒展伸拔，上体前倾角度不超过 45 度。

2. 两掌的动作路线：右掌随转体在体侧画一个立圆：左掌随转体下落，经体前画平弧按于左胯旁。插掌时，力点放在指尖。

3. 跟步后，右脚随转体后坐，以前脚掌为轴闪转脚跟。定式时，虚步左脚正向前方，右脚外撇约 45 度。

## 攻防演练

1. 设对方两手抓住我两手，为挣脱其束缚，我右脚跟进，向对方发力，当对方以力与我对抗时，我重心回坐，两手下捋，将左手抓住对方左手手腕处，我右手后坐回抽，挣脱其束缚。（图 19-5~图 19-6）

2. 左手向左侧发力，将对方两手向我左侧方向撇开，同时我右手抬起，在左手撇开的同时向对方腹部进行虚步插掌。（图 19-7~图 19-8）

图 19-5

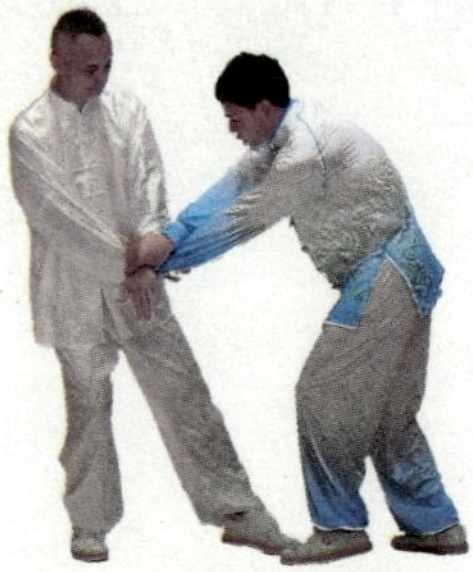

图 19-6

图 19-7

图 19-8

## 功理作用

海底针通过转腰、俯身、前探动作来调节人体的督脉气血，督脉是人体的奇经八脉之一。“少冲”名意指本穴的气血物质由体内冲出。本穴为心经的体表经脉与体内经脉的交接之处，体内经脉的高温水气，以冲射之状外出体表，故名少冲。功能：生发心气。心是人体的“君主之官”，所以疏通心经，让它的气血畅通，对身体的整体调节很重要。

该式适合于心肌炎、肺源性心脏病以及失眠的患者练习。

第二十式

20

# 闪通臂

## 练习方法

1. 接上式，上体恢复正直，左脚收至右脚脚踝内侧。右掌上提至身前，指尖朝前，掌心向左；左臂屈臂收举，左掌指尖贴近右腕内侧。（图 20-1）

图 20-1

2. 上体右转，左脚向前上步，脚跟着地。两掌分开。（图 20-2）

3. 上体右转，重心前移，成左弓步。左掌内旋推至体前，与肩同高；右掌内旋撑于头侧右上方，掌心斜向上；两掌前后分展。目视左掌。（图 20-3）

图 20-2

图 20-3

## 练习要领

1. 上下肢的配合应协调一致，动作各自到位。

2. 闪通臂是顺弓步，两脚左右间距不宜过宽；前臂、前腿要上下相对；弓步与推掌方向皆为正前方。

## 攻防演练

1. 设对方右拳向我头部袭来，我起身提手收脚，右手由前往上提起，至右额前方，翻掌抓腕，挡对方右手之劲。重心在右脚，左手提至右肘下方。（图 20-4）

2. 弓步推掌，直劲向对方肋部击去，左脚同时向前踏出，屈膝坐实，脚尖朝前，眼神随左手前看。右腿随腰胯伸劲送去，其劲正由背发，两臂展开，欲扇通其背，则所向无敌矣。（图 20-5）

图 20-4

图 20-5

## 功理作用

闪通臂架推掌动作是对手少阳三焦经的调理，按中医经典《黄帝内经》的解释，“三焦”是调动运化人体元气的器官。三焦有两大主要功用：一是通调水道。《灵枢经》上说：“三焦病者，腹气满，小腹尤坚，不得小便，窘急，溢则水，留即为胀。”二是运化水谷。

该式适合于肩周炎、腰背酸痛、耳聋的患者练习。

第二十一式

21

# 转身搬拦捶

## 练习方法

1．接上式，重心后移，右腿屈坐，左脚脚尖内扣，身体右转。两掌向右摆动，右掌摆至身体右侧，左掌摆至左侧，两掌掌心均向外。（图 21-1~图 21-2）

图 21-1

图 21-2

2．重心左移，左腿屈坐。右掌下拉变拳；左掌向右按掌，掌心向下，举于左额前上方。（图 21-3）

图 21-3

3．右脚提收至左脚脚踝内侧。右手握拳向上、向左画弧收于左肋前，拳心向下；左掌下按，与肩同高。（图 21-4~图 21-6）

图 21-4

图 21-5

图 21-6

4．右脚向前迈出，脚跟着地，脚尖外撇。右拳经胸前向前搬压，拳心向上，高与胸平，肘部微屈；左掌经右前臂外侧下落，按于左胯旁。（图 21-7）

5．上体右转，重心前移，右脚外转约 45 度踏实。右臂内旋，右拳向右画弧至体侧，拳心向下，右臂半屈；左臂外旋，左掌经左侧向体前画弧。（图 21-8）

图 21-7

图 21-8

6．左脚向前上步，脚跟着地。左掌拦至体前，与肩同高，掌心向右，指尖斜向上；右拳翻转收至腰间，拳心向上。（图 21-9）

7．上体左转，重心前移。左腿屈弓，左脚踏实；右腿自然蹬直，成左弓步。右拳自胸前打出，肘微屈，拳心转向左，拳眼向上；左掌微收，掌指附于右前臂内侧，掌心向右。（图 21-10）

图 21-9

图 21-10

## 练习要领

1．此式包含有搬拳、拦掌和打拳三个手法。

2．搬拦捶的转身动作要做到虚实分明、转换轻灵、重心平稳。转换中要注意重心的移动、脚的扣转和腿的屈伸，切不可重心起伏，上体摇摆。

## 攻防演练

1．设对方从后方左拳向我袭来，我后坐转身扣脚摆掌，由上至下，格挡对方的攻击。（图 21-11）

2．当对方换以右拳向我袭来时，右手俯腕，随转至肋间，握拳、翻腕向右转腰，右拳随之旋转至右肋下破坏对方来拳。同时右臂外旋，

反向抓住对方手腕。(图 21-12)

图 21-11

图 21-12

3．抓住对方手腕向右后方发力，右脚向右撇脚踏实，转腰沉胯，左手即从腰间立掌向右平击，攻击对方右肩。一抓一击，使其不能动弹。(图 21-13)

4．右手松开握拳，左手将其右手抓按，左脚同时提起向左侧踏出一步，右足脚蹬地伸直，右手拳即随腰腿一致向前打出，此拳之妙用，全在化解对方击来之势，先以我之右手腕，黏彼之右手腕，从左肋上搬至右肋下。这时，防止对方抽臂换步，即将左手直前随步追去，寓有开劲，拦其右手时，即速将我右拳，向对方胸前击去，则对方避让不及被我击中。(图 21-14)

图 21-13

图 21-14

## ☯功理作用

搬拦捶动作通过调节人体冲脉、带脉，调动人体经脉气的运行，对人体具有健肾补肝、补益元气的功效。带脉起于季胁足厥阴之章门穴，同足少阳循带脉穴，围身一周，像腰带一样。由于冲脉与任脉相并行，又与督脉相通，其脉气在头部灌注诸阳，在下肢渗入三阴。因此容纳来自十二经脉五脏六腑的气血、成为十二经脉、五脏六腑之海。

该式适合于肾虚腰痛、男性病、妇科病的患者练习。

第二十二式

# 22

# 如封似闭

## 练习方法

1．接上式，左掌翻转向上，从右前臂下方向前穿出。（图 22-1~图 22-2）

图 22-1

图 22-2

2．右拳变掌翻转向上，两掌交错于体前，双掌与肩同宽、同高，两掌掌心皆向上。（图 22-3）

图 22-3

3．重心后移，右腿屈坐，左脚脚尖翘起。两臂屈收，两掌边分开边内旋后引，分至与肩同宽，收至胸前；继而翻转下按至腰间两侧，

掌心向下。(图 22-4~图 22-5)

图 22-4

图 22-5

4. 重心前移，左脚踏实，左腿屈弓，右腿自然蹬直，成左弓步。两掌翻转，经腹前向上、向前推出，与肩同宽，腕与肩同高，掌心向前，指尖向上。(图 22-6~图 22-7)

图 22-6

图 22-7

## 练习要领

1. 后坐引手时，两手要屈肘旋臂后引，不可前臂上卷，两肘夹肋。

2．按掌时，两掌要平行向前，沿弧线向前推出。

## 攻防演练

1．设对方以左手握我右拳，我即仰左手穿过右肘下，以手心缘肘护臂，向对方左手腕格去。如对方欲换手按来，我即将右拳伸开，反抓住对方两手，至两手心朝上斜交，如成一斜交十字封条形，使对方手不得进，犹如盗来即闭户。（图 22-8）

图 22-8

2．沉胯坐腿向后引手，抓住对方两手腕，利用我后坐之力将其后引。在后引过程中，我两手臂内璇，将对方屈腕，使其不敢发力。（图 22-9）

3．弓步前按，随即由腰间向前上方按去，眼前看、腰进攻，左腿屈膝坐实、右腿随胯伸直，力从脚出。（图 22-10）

图 22-9

图 22-10

## 功理作用

如封似闭动作充分调动手三阴、手三阳的经脉气血，特别是对手太阴肺经尺泽穴和手少阴心经极泉穴的刺激，对呼吸系统疾病和心脏方面的疾病有良好的辅助疗效。尺泽穴在肘横纹中，肱二头肌肌腱桡侧的凹陷处。功能作用：汇聚肺经阴液并循肺经的地部渠道运行，清热和胃，通络止痛。极泉穴在腋窝正中，腋动脉搏动处，能为心经传输血液。现代常用于治疗心绞痛、肋间神经痛等。

该式适合于网球肘、哮喘、冠心病的患者练习。

# 第二十三式 23

# 十字手

## 练习方法

1．接上式，重心右移，上体右转，左脚脚尖翘起。右掌向右画弧。（图 23-1）

2．上体右转，左脚内扣。左掌分于身体左侧，右掌随身体摆至身体右侧；两掌左右平举于身体两侧，掌心向前外；两肘略屈。（图 23-2）

图 23-1

图 23-2

3．右脚外展，脚尖向右。两掌下按。（图 23-3）

4．重心左移，右脚内扣，继而右脚内收，两脚与肩同宽，脚尖向前，成开立步。上体左转。两掌向下、向内画弧，于腹前两腕相交；左掌在内，右掌在外，掌心均斜向内。（图 23-4）

图 23-3

图 23-4

5．上体转正，两腿慢慢直立；两掌交错成斜十字形抱于体前，两掌心皆向内，与肩高同。（图 23-5）

图 23-5

## 练习要领

1．此式的手、腰转动和重心移动幅度比较大，同时配合两脚的扣转、外撇和收并。整个动作要保持平稳连贯，完整一气，中途不要断劲。

2．收脚合抱时，上体要保持端正，不可低头弯腰；两臂要撑圆，不可抱得过紧。

## 攻防演练

1．对方以右手攻击我时，我转身以右手格挡，并抓住对方手腕，以脚、腰之劲牵引其向右方，在其以力对抗之时，我右手向下向左发劲，对方右手被缠住，左手攻击我时，我左手抓其左腕，重心移至左脚，右脚即提起，向左收回半步。（图 23-6）

2．两脚直踏，我双手翻掌左右发力，使对方双手交叉于胸前如十字形牢牢锁住对方。（图 23-7）

图 23-6

图 23-7

## 功理作用

十字手动作通过采天地宇宙之气，充实下丹田。下丹田是指脐后脊前，前三后七的命门处，亦称炁穴，是一个虚在的腔体。下丹田附近有肾腺、性腺等内分泌体，所以意守下丹田可强化内分泌系统的功能，特别是性腺受到良性刺激，精液充盈，功能增强，增加人体代谢、免疫能力以及应急应变能力。从中医和道家的角度看，下丹田是任脉、督脉、冲脉经络行始的起点，是“十二经脉之根”，是“呼吸之门”，是“三焦之源”，是真气升降开合的枢纽，是男子养精、女子护胎的处所。所以，意守下丹田，可达到强身、防病、治病的效果。

该式适合于性功能衰退、妇科及男性疾病的患者练习。

第二十四式

24

# 收　式

## 练习方法

1. 接上式，两前臂内旋，两掌边翻转，边平行分开，与肩同宽。（图 24-1~图 24-2）

图 24-1

图 24-2

2. 两掌慢慢下落至两腿外侧，上体自然直立。（图 24-3~图 24-4）

图 24-3

图 24-4

3. 重心右移，左脚收至右脚旁，两脚并拢，脚尖向前，身体自然直立。目视前方。（图 24-5~图 24-7）

图 24-5

图 24-6

图 24-7

## 练习要领

1. 翻掌分手时，两掌应边分掌边翻转。
2. 并步还原时，左脚应注意点起点落，轻匀沉稳。

## 攻防演练

此式可与十字手结合使用，起身下按的同时，将对方被锁住的两手向下发力，使其重心不稳而倒下。

亦可作为收气，手心向下与起式同。此为一套拳终了之时，合太极者，合两仪，四象，八卦，六十四卦。而仍归於太极，即收其心意气息，复全归于丹田，凝神静虑，知止有定，不可散失。（图 24-8）

图 24-8

## 功理作用

收式动作通过两手掌下落，循于周身的经脉之气随着意念集中在丹田，随着两臂的升降，呼吸意念的配合，任督二脉真气自动循环，此时肾水上升，心火下降，水火既济，阴平阳秘，起到延年益寿的作用。任脉主气、血、力，任脉为从头到脚涵盖全身的神经网络；督脉主能量，向大脑提供所需的养料和氧气，通五脏六腑。

该式适合于肋间神经痛、各类精神失常病症、各类疾病康复期的患者练习。

# 附　录

## 一、胸腹部经络图

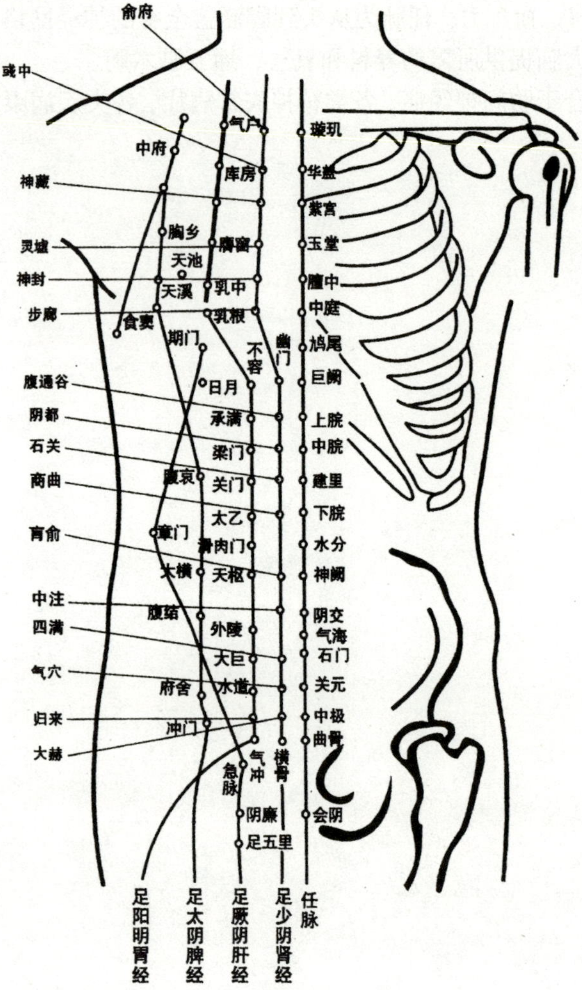
俞府
彧中
中府
气户
库房
神藏
胸乡
膺窗
灵墟
天池
神封
天溪
乳中
步廊
食窦
乳根
期门
不容
幽门
日月
腹通谷
承满
阴都
梁门
石关
腹哀
关门
商曲
太乙
章门
滑肉门
肓俞
大横
天枢
中注
腹结
外陵
四满
大巨
气穴
府舍
水道
归来
冲门
大赫
气冲
横骨
急脉
阴廉
足五里
璇玑
华盖
紫宫
玉堂
膻中
中庭
鸠尾
巨阙
上脘
中脘
建里
下脘
水分
神阙
阴交
气海
石门
关元
中极
曲骨
会阴
足阳明胃经
足太阴脾经
足厥阴肝经
足少阴肾经
任脉

二、背部经络图

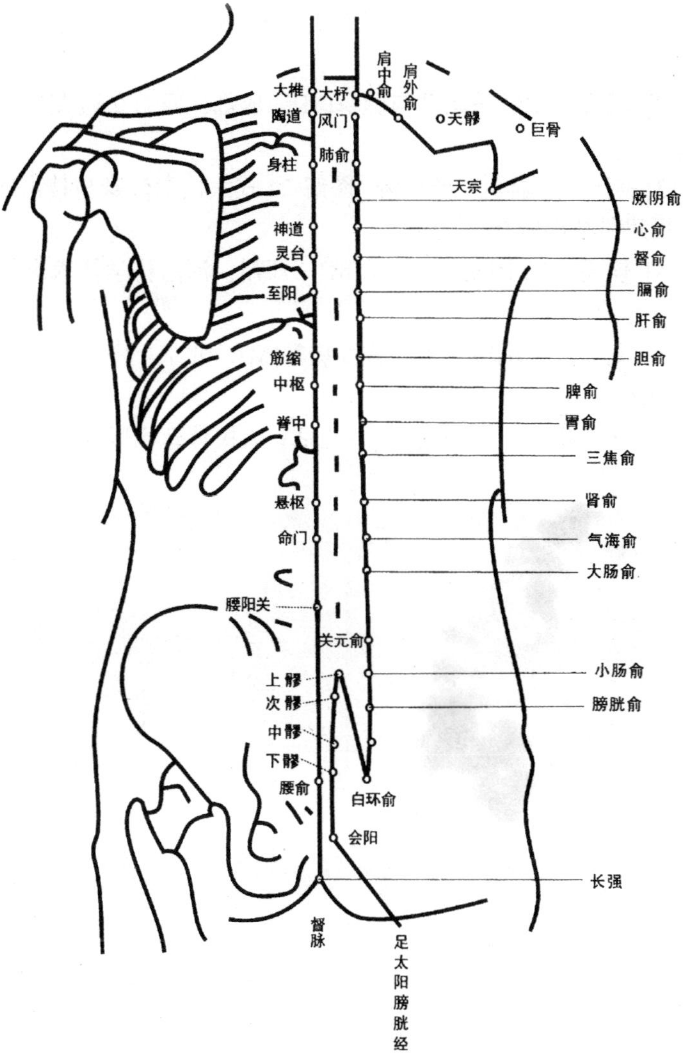
大椎
陶道
身柱
神道
灵台
至阳
筋缩
中枢
脊中
悬枢
命门
腰阳关
大杼
风门
肺俞
肩中俞
肩外俞
天髎
巨骨
天宗
厥阴俞
心俞
督俞
膈俞
肝俞
胆俞
脾俞
胃俞
三焦俞
肾俞
气海俞
大肠俞
关元俞
小肠俞
膀胱俞
上髎
次髎
中髎
下髎
腰俞
白环俞
会阳
长强
督脉
足太阳膀胱经

# 参考文献

[1] 国家体育总局. 二十四式太极拳[M]. 北京：人民体育出版社，1999.

[2] 范维. 太极拳运动与健身[M]. 成都：西南交通大学出版社，2012.

[3] 鄢行辉，林红，杨松涛. 图解 24 式太极拳健身与技击[M]. 福州：福建科技出版社，2013.

[4] 侯雯. 二十四式太极拳[M]. 郑州：河南科学技术出版社，2019.

[5] 龙殿法. 玩转二十四式太极拳[M]. 北京：中国中医药出版社，2020.

[6] 马建超. 二十四式[M]. 北京：人民体育出版社，2021.